◆印は不明確な年号、ころの意味です。

文化		世界の動き	西暦
1914	高村光太郎『道程』		1910
1915	芥川龍之介『羅生門』		
1917	菊池寛『父帰る』		
1923◆	宮沢賢治『風の又三郎』		
1925	ラジオ放送はじまる		キーマウス』
1926	川端康成『伊豆の踊子』	1929	世界恐慌
1929	小林多喜二『蟹工船』	1933	ヒトラー、ドイツ首相に就任
	宮城道雄『春の海』		
1935	吉川英治『宮本武蔵』	1939	第2次世界大戦(—1945)
		1940	チャップリン、『独裁者』	1940
1941	国民学校令		
	高村光太郎『智恵子抄』	1944	パリ解放
1947	太宰治『斜陽』	1949	毛沢東、中華人民共和国政府主席に就任
	教育基本法・学校教育法公布		
1949	林芙美子『浮雲』		
	湯川秀樹、ノーベル物理学賞受賞	1950	朝鮮戦争
1951	黒沢明『羅生門』でベネチア国際映画祭グランプリ受賞	1957	ソ連人工衛星打ち上げに成功
1953	テレビ放送はじまる		
1956	三島由紀夫『金閣寺』	1960	アメリカ=ケネディ大統領
1958	棟方志功『釈迦十大弟子』		
1965	朝永振一郎、ノーベル物理学賞受賞	1966	中国=文化大革命おこる
1968	川端康成、ノーベル文学賞受賞		
1970	日本万国博覧会開催	1969	アポロ11号で人類月に到達
	三島由紀夫、割腹自殺		
1973	江崎玲於奈、ノーベル物理学賞受賞	1975	ベトナム戦争終結
1974	佐藤栄作、ノーベル平和賞受賞		
1981	福井謙一、ノーベル化学賞受賞		

目　次

宮沢賢治　　　　　文・有吉忠行　……………… 6
　　　　　　　　　絵・鮎川　万

湯川秀樹　　　　　文・有吉忠行　……………… 20
　　　　　　　　　絵・木村正志

菊池寛　　　　文 有吉忠行　絵 浅川やす子 ……… 34
芥川龍之介　　文 吉田　健　絵 浜岡信一 ………… 36
吉川英治　　　文 吉田　健　絵 木村正志 ………… 38
松下幸之助　　文 吉田　健　絵 木村正志 ………… 40
宮城道雄　　　文 吉田　健　絵 木村正志 ………… 42
川端康成　　　文 吉田　健　絵 鮎川　万 ………… 44
小林多喜二　　文 吉田　健　絵 岩本暁顕 ………… 46
棟方志功　　　文 吉田　健　絵 高山　洋 ………… 48
古賀政男　　　文 吉田　健　絵 高山　洋 ………… 50
林芙美子　　　文 吉田　健　絵 鮎川　万 ………… 52
朝永振一郎　　文 吉田　健　絵 浜岡信一 ………… 54
太宰治　　　　文 吉田　健　絵 鮎川　万 ………… 56
黒沢明　　　　文 吉田　健　絵 浜岡信一 ………… 58
三島由紀夫　　文 吉田　健　絵 高山　洋 ………… 60

読書の手びき　　　文 子ども文化研究所 ……………… 62

せかい伝記図書館　36

宮沢賢治
湯川秀樹

宮沢賢治
(1896—1933)

農民たちの幸せを願って、やさしく清らかに生き、多くの名作を残した詩人・児童文学者。

●えらくなるより心の美しい人に

　宮沢賢治が小学生のときの話です。ある日、いたずらをした生徒が、廊下に立たされていました。手には、水をいっぱい入れた茶わんを持たされています。すると、通りかかった賢治は、いまにも、こぼれそうな茶わんの水を、すっかり、飲んでやりました。あとで自分がしかられることはわかっていても、立たされている生徒が、かわいそうでたまらなかったからです。

　これは、少年時代から、賢治がやさしい心をもっていたことを伝える話です。ほんとうのことよりも、美しく伝えられすぎているのかもしれません。でも、賢治が、幼いころから人の苦しみのぎせいになる心をもっていたことは、まちがいないことのようです。

　童話の名作『よだかの星』『どんぐりと山猫』『セロ弾

きのゴーシュ』『銀河鉄道の夜』、詩集『春と修羅』などを書いた宮沢賢治は、明治時代の中ごろ、岩手県の花巻に生まれました。家は、古着商をかねた質屋でした。
　賢治は、3歳のころから、意味もわからないのに、お経を口ずさむようになりました。仏教を深く信仰していた父が、朝夕、お経をとなえていたからです。
　母は、たいへん慈悲ぶかい人でした。母のやさしさと、お経のなかの仏のやさしさがとけあって、人の悲しみをいたわる美しい心が、賢治にめばえたのかもしれません。
　小学3年生のころから、童話が、たいへんすきになりました。自分でも、巌谷小波という人が書いた日本の童

話を読んでいたうえに、クラス担任の八木先生が、子どもたちに夢をもたせるためにアンデルセンやグリムの童話を、ひまをみつけては読んでくれたからです。自分でも短い童話をつくって、妹や友だちに読んで聞かせたこともありました。

　5年生のときのことです。父に「きみは、おおきくなったら、いったい何になる」と聞かれました。すると賢治は「とくに、えらくならなくてもいい。寒いときにはかじ屋になればいいし、暑いときには馬車屋の馬引きになればいい」と答えました。父は「そんな、いくじのないことでどうする」と怒りました。でも賢治は平気な顔をしていました。

　これも、語り伝えられている話です。しかし、そのころ、童話のほかに、昆虫や植物や石がすきになっていた賢治が、社会にでてえらくなるよりも、心の清らかな人間になろうと考えるようになっていたのは、きっとほんとうです。その美しい心は、死ぬまで変わっていません。

●ハンマーを手に岩手山へ

　小学校をすぐれた成績で卒業した賢治は、13歳で、岩手県立盛岡中学校へ入学しました。その7年まえには、詩人の石川啄木が学んでいた中学校です。

　中学生になり、両親のもとをはなれて寄宿舎生活をはじめた賢治は、ますます、鉱物や植物の採集に熱中するようになりました。野山へでかけるのが、とくにおおくなったのは2年生のころからです。ひまさえあれば、採集どうぐを持って、高さ2000メートルをこえる岩手山にのぼりました。石をくだくハンマーを手にして、さまざまな岩のかけらを集めてくるのです。クラスの仲間たちから「宮沢の友だちは岩手山だ」といわれたほどでした。
　賢治が「木や石ころにも命がある」と考えるようになったのは、このころです。山や野で美しい星空をながめて、宇宙や星の世界に心ひかれるようになったのも、このこ

ろです。また同じころ、石川啄木（賢治が中学4年生のときに病死）の詩集などを読み、自分でも、詩や短歌をおおくつくるようになりました。

　山のぼりなど、自分のすきなことに夢中になりすぎて、中学校での成績は、あまりよくありませんでした。そのうえ、4年生のときには、寄宿舎のかんとくの先生をやめさせるさわぎにくわわって、寄宿舎を追いだされてしまいました。

　寄宿舎を追われた賢治は、寺に下宿しました。そして、仏教を、さらに深く信仰するようになり、座禅をくんで、人間のいちばんすばらしい生き方を考えました。まるで、もう、僧になってしまったようなくりくり頭で学校へ行き、友だちをおどろかせたこともありました。

　中学校を卒業した賢治は、鼻の手術と手術ごの高い熱で2か月ほど病院生活を送ったのち、家の質屋と古着のあきないをてつだい始めました。ほんとうは、上の学校で、もっと勉強だけはつづけたかったのです。でも、父の命令ですから、しかたがありません。賢治は暗いきもちで、店にでました。

　ところが、賢治は、貧しい人たちが店へくると、持ってきた品物を、とても商売にはならないようなねだんでひきとって、なんども父にしかられました。賢治は、困っ

ている人を見ると、ほうっておけなかったのでしょう。
「貧しい人びとのことには目をつぶり、自分の家の繁盛だけをよろこぶのはおかしい」
　やがて、こんなことを考えるようになっていきました。

● 農民たちの幸せのために

　賢治は、19歳で、盛岡高等農林学校へ1番で合格しました。賢治は家の商売にはむいていないことを理解した両親が、しかたなく進学をゆるしてくれたのです。
　農業の勉強は、いちばん望んでいたことです。賢治は中学生時代にくらべると生まれかわったように、勉強に

うちこみました。学生たちにこわがられていた関豊太郎教授からも、賢治だけはたいへんかわいがられ、とくに、地質の研究にはげみました。

土曜日、日曜日は、鉱物採集のハンマー、地図、星座表などをからだにぶらさげ、きまって野山を歩きまわりました。盛岡の近くの岩石で、賢治のハンマーでたたかれなかったものはなかった、といわれたほどでした。

しかし、地質の研究にどんなに熱中しても、仏教を信仰する心は忘れませんでした。忘れるどころか、日蓮宗を深く信仰するようになり、お経を教室でとなえて、友だちをびっくりさせたこともありました。

また、人間の心や美しい自然を見つめながら、詩や短歌をますますおおくつくり、学校の会報や仲間の雑誌に発表しました。農業の研究のかたわら、詩人への道も、一歩一歩進んでいったのです。

22歳で高等農林学校を卒業した賢治は、関教授に推せんされ、賢治が生まれた稗貫郡の土の調査のため、研究科生として学校に残りました。

土の性質を調べるのは、よい農作物をつくり、農民たちを少しでも貧しさから救うための、たいせつな仕事です。賢治は、熊がでるような山もおそれず、雨の日も風の日も歩きつづけました。

●詩や童話を書きつづけながら

　ところが、高等農林学校の研究科を終えた賢治は、なおいっそう信仰を深めて日蓮宗の団体に入り、1年ごには、東京へでて行きました。そして、昼は印刷や出版の手つだいをして生活費をかせぎ、夜は、自分の信じる宗教をひろめるためにはたらきました。食事は、ばれいしょと水だけの日も少なくありませんでしたが、苦しさに負けず、童話や詩も書きつづけました。

　しかし、およそ8か月ごには、たくさんの原稿をつめたかばんひとつをかかえて、花巻へ帰ってきました。そ

のころ高等女学校の先生をしていた妹のトシが、病気でたおれてしまったからです。

トシは、賢治がたいへんかわいがっていた妹です。妹の看病のため、もう東京へ行くことをあきらめた賢治は、新しくできた稗貫農学校の先生になりました。

農学校での賢治は、すべての生徒たちにしたわれ、尊敬されました。型にはまった授業などしません。教科書にのっていることよりも、じっさいの農業に役にたつことを、しっかり教えます。時間のあるかぎり、芸術、音楽、天文、宗教なども、やさしく話して聞かせます。

授業がおもしろかっただけではありません。修学旅行の費用のない生徒にはお金をだしてやり、非行に走った少年には、立ちなおれるように力をつくしました。

賢治は、農民として土とともに生きていこうとする少年たちを、心から愛したのです。教育と、詩や童話の創作にひたった賢治は、たいへん幸せでした。

ところが、教師になって1年ごに、深い悲しみがおとずれました。妹トシの死です。賢治は、亡きがらを抱きしめて、声をだして泣きくずれ、その一夜のうちに『永訣の朝』『松の針』『無声慟哭』などの清らかな詩をつくって、妹をいたわりました。そして、およそ半年のあいだは、悲しみのあまり詩作をやめてしまいました

妹とし

が、そのごは、悲しみをふりきるようにして、いっそう創作にはげみ、詩集『春と修羅』や童話集『注文の多い料理店』などを自分のお金で出版していきました。名作『銀河鉄道の夜』を書き始めたのも、このころです。

● 雨にも負けず風にも負けず

　賢治は、29歳のとき、4年3か月つとめた農学校の先生を、自分からやめました。そして、花巻の町はずれの家で、ひとりで生活を始めました。
「頭だけで、農業のことを考えてもだめだ。自分も農民のひとりになって、しんけんにとりくまなければ……」

心の純粋な賢治は、このように考えたのではないでしょうか。やがて、北上川が見える荒れ地を開こんして野菜や花をつくり、荷車に積んで町へ売りに行きました。
　町の人たちには、両親の家はあれほど豊かなのに、それに先生までした人が、どうして農民のまねをするのだろうと、ふしぎな目で見られました。でも、賢治は、そんなことなど、ひとつも気にしませんでした。
　しごとだけではなく、食べものも貧しい農民たちと同じようにしました。
　ある日、賢治が、ナスのつけもの５本で食事をしていると、あそびにきた農家の子どもたちに「ぜいたくだなあ、おれたちは、いつも１本だぞ」といわれました。このとき賢治は、はじる心のなかで「やっぱり農民として生きてみてよかった」と、思ったということです。
　土にまみれるようになって５か月ごには、羅須地人協会という会をつくって、農民たちの指導も始めました。
「農民たちに、農業の科学的な知識を教えて、作物が少しでもたくさんとれるようにしてあげよう」
　賢治は、すべての人が幸せになることを願ったのです。人びとを集めて農業についての講義をつづけ、いっぽうでは、楽団を結成するなどして、芸術を楽しむようなことも教えました。だれからも、お金などはとりません。

それどころか、会員がふえると、村のあちこちに相談所をつくり、賢治は、その相談所へもでかけるようになりました。

雨ニモマケズ／風ニモマケズ／雪ニモ夏ノ暑サニモマケヌ／丈夫ナカラダヲモチ／欲ハナク／決シテ瞋ラズ／イツモシヅカニワラッテヰル／一日ニ玄米四合ト／味噌ト少シノ野菜ヲタベ／アラユルコトヲ／ジブンヲカンジョウニ入レズニ／ヨクミキキシワカリ／ソシテワスレズ／野原ノ松ノ林ノ蔭ノ／小サナ萱ブキノ小屋ニヰテ／東ニ病気ノコドモアレバ／行ッテ看病シテヤリ／西ニツカレタ母アレバ／行ッテソノ稲ノ束ヲ負ヒ／南ニ死ニサ

ウナ人アレバ／行ッテコハガラナクテモイイトイヒ／北ニケンクヮヤソショウガアレバ／ツマラナイカラヤメロトイヒ／ヒデリノトキハナミダヲナガシ／サムサノナツハオロオロアルキ／ミンナニデクノボートヨバレ／ホメラレモセズ／クニモサレズ／サウイフモノニ／ワタシハナリタイ

　これは、賢治がつくった『雨ニモマケズ』という有名な詩です。賢治は、およそ２年のあいだ、ほんとうにこの詩のように、農村をかけまわりました。

　賢治が書いた童話の１つに『グスコーブドリの伝記』があります。農民のために生きつづけたグスコーブドリが、冷害の年に、気温をあげて農民を救うことだけを考え、火山を爆発させて自分は死んでいくという物語です。農村を東へ西へ、南へ北へとかけめぐる賢治の心には、いつも、このグスコーブドリがすんでいたのでしょう。作物の育ちが悪くて困っている農民がいれば、たとえ、あらしの日でも、でかけて行ったということです。

●人のためにつくした生涯

　賢治は、32歳の年に、とうとう、たおれました。結核でした。静養しなければなりません。しかたなく羅須地人協会の仕事をやめて、両親のもとへ帰りました。

　ところが、俳句や詩をつくりながら1年と数か月ほど体をやすめると、こんどは、経営が苦しい東北砕石工場の手助けを始めました。工場でつくりだされる石灰が、農業の肥料として、たいせつなものだったからです。工場の経営がよくなるように、賢治は自分自身でも、石灰を売り歩きました。

　しかし、賢治の命の火は、それから2年ごに、もえつきてしまいました。ふたたびたおれると、血をはくことがつづくようになり、1933年の9月に、37歳の短い一生を終えてしまったのです。最後まで農民のことを気づかい、人のためにささげつくした美しい生涯でした。

湯川秀樹
（ゆかわひでき）

（1907―1981）

中間子を発見してノーベル賞にかがやき、戦後は世界平和をさけびつづけた理論物理学者。

● 日本人として初めてのノーベル賞

　第２次世界大戦が終わって４年め、人びとが、戦争の悲しみからやっと立ちあがろうとしていた1949年11月3日の日本に、スウェーデンから、すばらしいニュースがとどきました。
「湯川秀樹博士にノーベル物理学賞！」
　日本人が、ノーベル賞にかがやいたのは初めてです。
「日本人の力も、日本の科学も、やはり優秀なんだ」
　ニュースは、戦争に負け、親兄弟を失い、家を焼かれて暗い気持ちになっていた日本じゅうの人びとに、新しい自信と明るい希望をあたえました。

　秀樹は、明治時代も終わりに近い1907年に、東京で生まれました。芳樹と茂樹のふたりの兄、それに、香代

子と妙子のふたりの姉がいました。
　父は、小川琢治といいました。秀樹の、幼年時代、少年時代の名まえは小川秀樹です。25歳のときに湯川スミとむすばれて、湯川家へ養子に入ってから、湯川秀樹となったのです。
　秀樹が生まれたつぎの年、それまで東京の地質研究所につとめていた父が、京都帝国大学（いまの京都大学）へ教授としてまねかれ、家ぞくは、京都へひっこしました。そして、それから数年のあいだに、環樹と滋樹の、ふたりの弟が生まれました。
「みんな、大きな木のように、すくすく成長してくれ」

父の、こんなねがいをこめて樹の字の名をもらった5人の男兄弟。それに姉と、両親と、祖父と祖母。この大家ぞくで、家のなかは、いつもにぎやかでした。
　家にいるとき、いつも机にむかっていた父は、たいへんきびしい人でした。秀樹は、父の前では、なぜかこわくてものがいえなかったということです。でも、母はやさしい人でした。秀樹が、兄と、とっくみあいのけんかになったとき、じょうずに仲なおりさせてくれたのも、いつも母でした。

● 「どうしてだろう」「ふしぎだな」

　幼いころ、家にいるときの秀樹は、ひとりで、積み木をしたり箱庭を作ったりしてあそぶことがすきでした。
　積み木は、自分の考えで自由に、さまざまな形のものを作ることができたからです。また、箱庭は、山、川、橋、家などを作っていくうちに、箱のなかにひとつの世界ができあがるのが、楽しかったからです。
　おまつりのときは、友だちとさわぐよりも、いろいろなものを並べた夜店を見て歩くのが、なによりもすきでした。ひとりで動くおもちゃなど、めずらしいものを見ていると、ふしぎでしかたがありません。考えながらあそぶことのおおかった秀樹は、自分の知らないことなら

どんなことにでも、すぐに興味をもったのです。
　小学校へあがるまえの、ある日。兄たちと近くの寺でかくれんぼをしていた秀樹は、みんなをさがしつかれて木かげの草の上にねころびました。
　すると、秀樹の目にとびこんできたものがあります。木の葉のあいだからもれて、まるで、おどるように、きらきらかがやいている、太陽の光のつぶです。
「どうして、あんな光りかたをするのだろう」
　秀樹は、かくれんぼの鬼だったのも忘れて、ゆれ動く葉と光を、いつまでも見あげていました。
「どうしてだろう」「ふしぎだな」と考えてしまう秀樹

の心には、のちのノーベル賞物理学者の芽が、すでにめばえ始めていたのかもしれません。

　6歳になったころから、家で、祖父に、漢学という中国の学問を、教わり始めました。祖父のいいつけです。

　教科書は、漢字ばかりで書いた本です。秀樹に読めるはずはありませんが、たとえ意味はわからなくても、祖父の教えるとおりに、1字1字、読んでいくのです。

　冬は、すわっている足の指さきが、しびれてきます。夏は、背中に流れる汗が、きもちが悪くてしかたがありません。秀樹は、この勉強が、いやでたまりませんでした。しかし、祖父の口まねをして読みつづけていくうちに、漢字をたくさんおぼえただけではなく、ものごとに、しんぼう強くとりくんでいくことのたいせつさを、学んでいきました。

●父にしかられても「ぼく、いわん」

　小学校へ進んだ秀樹は、すこし、はずかしがりやでした。それまで、兄弟や祖父とすごすことがおおかったからです。でも、3年生では、成績がよく、級長になりました。とくに、国語と算数にすぐれていました。

　家にいるときは、母に買ってもらった、アンデルセンやグリムなどの童話のほか、父の本だなに並んでいた、

たくさんの本を読みました。祖父に漢学を教わってきたおかげで、むずかしい本でも読むことができたからです。とくに、豊臣秀吉の天下とりをえがいた太閤記が、おもしろくてしかたがありませんでした。

　本を読んでいて、わからないことがあると、母のところへとんで行って、たずねました。すると、母は、どんなに忙しいときでも手を休めて、やさしく教えてくれました。秀樹は、このときの、母の美しい目がすきでした。

　はずかしがりやの秀樹が、大失敗をしたことがありました。学芸会のときのことです。

　秀樹は、国語の教科書の文章を暗記して、みんなの前

でしゃべることになっていました。ところが、だんの上に立つと、初めの言葉がでてきません。自分の顔がまっかになっていくのは、わかっていても、あせればあせるほど、だめです。やがて、先生の「もう、よし」という声で、だまって、だんをおりてしまいました。

　でも、このとき、自分は失敗したのに、たいせつなことを学びました。秀樹が先生のところへあやまりに行くと、先生は、ひとこともしからず秀樹の肩をたたいて、失敗なんかに負けないように、はげましてくれたのです。秀樹は、先生の思いやりの深さにうたれ、これからは失敗しても強くのりこえていくことを、心にちかいました。

　秀樹には、がんこなところもありました。

　家で、父のたいせつな本が見あたらなくなったときのこと。自分にはおぼえがないのに、父に「本をさわったのは秀樹だろう、どこへやったんだ」と問いつめられると、秀樹は「ぼく、いわん」といったきり、目になみだをうかべ歯をくいしばって、口をとじてしまいました。日ごろ無口な秀樹は、いろいろいいわけをするのが、苦手だったのでしょう。そののちも、自分が悪くはないのにしかられたときは、いつも「ぼく、いわん」といってだまりこみ、みんなに「いわんちゃん、いわんちゃん」と、よばれたこともありました。

●しだいにすきになった数学と物理

　小学校をすばらしい成績で卒業して、12歳で京都府立第一中学校へ進んだ秀樹は、あいかわらずたくさんの本を読み、活発にあそぶよりも、ひとりでなにかを考えることのほうがすきな少年でした。人づきあいはへたでしたが、友だちに、きらわれていたのではありません。いつも落ちつき、どんな友だちにもしんせつにする秀樹は、だれからも深く信頼されていました。

　全校生徒での山のぼり競争で、みんなを感心させたことがありました。初めからスピードをあげるようなこと

はしないで、こつこつ歩き、やがて、ひとりずつ追いこして、最後には足じまんのなかまたちよりも早く、頂上にたどりついたのです。頭をはたらかせ、ものごとをよく計算して行動するのが、秀樹のすぐれたところでした。

中学校の勉強では、数学が、とくいになりました。また、いろいろなものを見ては「なぜだろう」と考えるうちに、もののなりたちを考える物理もすきになりました。

「石でもなんでも、ものを、初めは半分に、その半分ずつを、また半分にと割っていったら、どうなるだろう」

「石だったら粉になり、しまいには割れなくなるさ」

「そうかなあ、割れなくなるかなあ」

「あたりまえだ。そんなにいうなら、割ってみせろ」

「そうかなあ、どこまでも、割れると思うがなあ」

兄や友だちと、こんな議論をするようになったのも、この中学生のころです。友だちは、あたりまえだと思っていても、秀樹には、わからないことばかりでした。

1922年、秀樹が中学4年生の年に、ドイツの物理学者アインシュタインが日本へやってきました。相対性理論を発表してノーベル賞を受賞した、偉大な物理学者です。

むずかしい相対性理論のことはわかりませんでしたが、秀樹は、新聞でアインシュタインの写真を見ただけで、心をおどらせました。そして、しだいに、物理の実験に

熱中するようになっていきました。
　しかし、まだ、物理学の道へ進むことを決めたわけではありませんでした。秀樹は、文学や哲学の本を読んでは「人生とはなんだろう」と、考えつづけていたからです。でも、暗記する学問はいやだという考えだけは、はっきりしていました。心はやはり、自分でも気づかないうちに、研究に研究をかさねなければならない物理学へ、かたむいていたのかもしれません。

●世界をおどろかせた中間子の発見

　秀樹は、関東大震災が起こった1923年の春、京都の

第三高等学校の理科へ入りました。そして、3年ごには京都帝国大学へ進み、物理学の道を歩み始めました。

京都帝国大学では、父が、理学部長でした。秀樹が、しっかりした自分の考えで自分の道をえらんだとき、父は、いつもはきびしい顔をほころばせて、心からよろこんでくれました。

大学での、いちばんしたしい友だちは、朝永振一郎でした。振一郎は、のちに、秀樹につづいてノーベル物理学賞を受賞した人です。

「ふたりで力をあわせて、物理学のむずかしいなぞを、ときあかしていこう」

ふたりの未来の物理学者は、しっかり、手をにぎりあいました。そして、計算しながらもののなりたちを追究していく、理論物理学の世界へ入っていきました。

やがて、4年間の大学生活を終えた秀樹は、そのまま大学の先生のもとに残って、研究をつづけるようになりました。湯川スミと結婚したのは、この3年ごのことです。小川から湯川へ姓がかわった秀樹は、わずか25歳で京都帝国大学の講師、さらにつぎの年には大阪帝国大学（いまの大阪大学）の講師もつとめるようになり、原子の研究にとりくみました。

「ものを形づくる分子は、原子の集まりだ。そして、原

子のまん中に原子核というものがあり、その原子核は、陽子と中性子という、もっともっと小さなものからなりたっている。でも、陽子と中性子は、いったい、どのようなはたらきをしているのだろうか」

　秀樹は、物質を形づくっている粒子（こまかいつぶ）のすがたを、つきとめようとしたのです。

「陽子はプラスの電気をおびている。だから、陽子と陽子ははじきあうはずだ。それに、中性子は電気はおびていない。それなのに、どうして、いくつもの陽子と中性子がくっつきあって原子核をつくっているのだろうか」

　秀樹は、ほんとうに、昼も夜も考えつづけました。そ

して、27歳の年に、ひとつの考えを発表しました。
「原子核のなかには、きっと、まだ発見されていない、べつのつぶがあって、それが、陽子と中性子をむすびつけているのにちがいない」

この、べつのつぶが、秀樹の最大の発見となった「中間子」です。でも、秀樹のこの発表は、まだ「中間子があるにちがいない」という、予言にすぎませんでした。

ところが、それから3年ごに、アメリカの学者が宇宙線の写真のなかに中間子を見つけて、秀樹の考えの正しいことが証明されました。

「日本の物理学者が発見したつぶは、宇宙でいちばん小さいつぶだ。これで、原子核のなぞがとける」

湯川秀樹の名は、またたくまに世界じゅうに広まり、各国の学者たちが、中間子の研究にとびつきました。

●さけびつづけた核兵器反対

31歳で理学博士、32歳で京都帝国大学の教授となり、さらに36歳で文化勲章をうけた湯川博士は、こうして、42歳のときにノーベル賞を受賞しました。日本人では初めての受賞に、博士自身も、どれほどうれしかったかしれません。しかし、このときもらった賞金は自分のものにはしないで、若い人たちの研究に役だてました。

　博士は、1970年まで京都大学の教授をつとめ、日本の理論物理学の発展に大きな功績を残して、1981年9月8日に、74歳の生涯を終えました。

　ノーベル賞を受賞してからのちは、世界平和アピール7人委員会などへ参加して、自分の研究いじょうに、世界平和へのよびかけに力をつくしました。広島、長崎への原爆投下があまりにも悲しかったうえに、原子を研究してきた物理学者として、核のおそろしさがだれよりもよくわかっていたからです。

「核兵器のこわさを知れ、人類破滅の道からひき返せ」

　これが、最後までさけびつづけたねがいでした。

菊池　寛 (1888—1948)

　小説や戯曲を書くだけではなく、出版社をおこし、文学賞をつくり、おおくの文学者たちを育てて文壇の大御所とよばれるようになった菊池寛は、四国の高松で生まれました。菊池家は祖父の代までは高松藩につかえた学者の家がらでしたが、寛の父は、小学校の事務員をしていました。

　寛が小学生のころは家が貧しく、ときには、教科書も買ってもらえないほどでした。でも寛は、貧しさには負けず「おれは、名のある人になるのだ」と、心に決めていました。とくに、おどろくほど読書がすきで、本がなければ、家のふすまに張った古新聞の小説までも読みました。やがて中学校へ進んだときに、高松の町に初めて図書館ができると、だれよりも早く閲覧券を手に入れて、毎日のように通いつづけました。

　中学校を卒業すると東京高等師範学校へ進学しました。教師を養成する師範学校は、学費がいらなかったからです。ところが、学校の授業よりも図書館通いや芝居見物に夢中になりすぎて、2年生で退学させられてしまいました。

　「おれは、教師にはむかない。よし、やはり文学の道がいい」
　寛は、22歳で第一高等学校へ進みました。しかし、卒業まであと3か月というときに、こんどは自分から退学してしまいました。親分のような気性をもっていた寛は、友人のぬすみの罪を、その友人を助けるために自分がかぶったのです。そのごの寛は、京都へ行き、28歳で京都帝国大学を卒業して、新聞記者をふりだしに文学者への道を歩み始めました。

　学生時代から小説を書きつづけてきた寛は、『父帰る』『忠直

　『匈行状記』『恩讐の彼方に』などの作品を、次つぎに発表しました。そして、男の利己主義に対する女の復しゅうをえがいた『真珠夫人』が新聞に連載されると、小説家菊池寛の名は、野を焼く火のような勢いで国じゅうに広まりました。31歳のときには『父帰る』が東京の新富座で上演され、劇作家としてもみとめられました。

　小説を書きながらでも、生活をしていくための現実主義を捨てなかった寛は、34歳のときに雑誌『文芸春秋』を創刊して、出版事業にもふみだしました。また、1935年には、芥川賞と直木賞をもうけて、作家をこころざす人びとへ希望の光をおくりました。このふたつの賞が、そののち新しい作家を生みだすために、どれほど大きな力になったか、はかりしれません。

　寛は、54歳のときから映画会社の社長もつとめ、第2次世界大戦が終わった3年ごに亡くなりました。59歳でした。

芥川龍之介 (1892—1927)

『蜘蛛の糸』『杜子春』などの童話や、『地獄変』『河童』『奉教人の死』などすぐれた小説を書いた芥川龍之介が、作家として活動したのは、大正から昭和のはじめにかけてのわずか10年あまりにすぎません。しかし、今もなおその作品は、おおくの人に愛読されています。

龍之介は1892年（明治25年）3月1日東京市京橋区の新原家に生まれました。それから7か月ほどして母のフクが精神を病んでしまい、龍之介は母の実家である芥川家に引きとられて育てられました。母のフクは、龍之介が10歳のときに亡くなりましたが、母が精神病であったという事実は、それからずっと龍之介の心に影をおとし、自分も同じようになるのではないかという恐怖をあたえることになりました。龍之介は神経質でおびえやすく、ひよわな性質の子どもでした。しかし、本の好きな少年だった龍之介は、小学生のときから同級生と回覧雑誌を作って文をのせ、表紙やカットまでも自分でかいたりしました。

作家として認められるようになったのは、1916年2月、東京帝国大学に在学中、友人たちと出した雑誌にのせた『鼻』が、夏目漱石にたいへんほめられたのがきっかけです。それから龍之介の次つぎと発表する小説は、今までにない機知にとんだ独創的な作品として話題をよぶことになりました。作品のおおくはごく短いものですが、人びとをひきつけるのは、せん細な神経が通い、みがきあげられた表現と理知的な構成によるばかりでなく、作者の人生を見つめる眼にやさしさのあるせいでしょう。人間のおろかさ、おかしさを描いても、それを冷たくつ

きはなすのではなく、どこかにそれを悲しむ作者のあたたかい心が感じられます。

　しかし、龍之介は若くしてはなやかな名声につつまれましたが、孤独と不安な気持ちからついにぬけだすことはできませんでした。あまりに感じやすく傷つきやすい心をもっていたからでしょう。1927年（昭和2年）7月24日、龍之介は自宅で睡眠薬自殺をとげました。その前から体力はおとろえ、神経衰弱もひどくなっていました。そのうえ、親せきの不幸などもかさなり、たえ切れなくなったためです。まだ35歳の若さでした。

　現在、龍之介の作品は、アメリカ、フランス、ロシアなどでもほん訳され、おおくの人びとに読まれています。日本映画として初めてベネチア国際映画祭でグランプリ（大賞）をとった黒沢明監督の『羅生門』も龍之介の『藪の中』を原作としています。また、その名を記念してできた芥川賞は文学賞として有名です。

吉川英治 (1892—1962)

　『鳴門秘帖』や『宮本武蔵』は、今も若い人から老人まで、はば広い人気があります。その作者吉川英治は、1892年神奈川県に生まれました。父は会社を経営していたので、小さいときには家も豊かでしたが、英治が11歳のとき、父は事業に失敗しました。ある日、学校から帰ってきた英治に、父が言いました。
「もうこんな大きな家には住めなくなった。おまえは長男だから、1ばん先にはたらきにゆけ、いいな」
「はい」と答えたものの、英治は悲しくて大声で泣きだしてしまいました。
　それからの英治は、家の生活を助けるためにいろいろな職業につきました。印章店の小僧、少年活版工、税務監督局の給仕、雑貨商の店員、横浜ドックの工員などです。それでも家の生活は苦しく、何も食べない日さえありました。ドックの工員もほんとうは20歳以上というきまりでしたが、18歳の英治は20歳とうそを言って入ったのです。ドックの仕事はつらく危険なものでした。それでも、気のいい親切な仲間のあいだで英治はがんばりました。
　しかし、船腹にペンキをぬっていたある日、乗っていた板もろとも12メートルの高さから、ドックの底につい落してしまいました。気がついたのは病院のベッドの上です。
　幸い命はとりとめ、退院の日もあと数日となりました。
「英ちゃん、長いあいだよくはたらいてくれたね。もう、おまえは、自分の道を進まなければ……」
　母は英治が東京へ出たいと思っているのを知っていたのです。

　19歳で上京した英治は、細工師の仕事を学びながら、小説を書くようになりました。そして講談社のけん賞小説に3編が同時に当選するというような才能を示しました。それから次つぎと書いた小説によって、英治は大衆小説の花形作家として認められるようになりました。
　『宮本武蔵』『新書太閤記』『新・平家物語』が吉川英治の代表作です。少年少女のための小説としては、『神州天馬侠』『天兵童子』などがあります。とくに、人生のさまざまな苦難をきりひらき、ひとすじに剣のみちにはげむ青年武蔵の姿をえがいた『宮本武蔵』はくりかえし映画や劇にもなっています。それは、宮本武蔵が遠い歴史上の人物であっても、現代に生きる人びとの心につよい共感をあたえるからにほかなりません。
　吉川英治は68歳のとき、文化勲章をうけ、その2年ごにこの世を去りました。

松下幸之助 (1894—1989)

「ナショナル」のマークで知られてきた松下電器産業(現在のパナソニック)は、今や世界の大企業のひとつです。この大会社をつくりあげたのが、松下幸之助で、1894年(明治27年)和歌山県に生まれました。

父は事業に失敗し、和歌山市で下駄屋をはじめましたが、うまくいきませんでした。そのため、幸之助は小学校を4年でやめ、大阪の火鉢屋ではたらき、つづいて自転車屋につとめました。自転車がまだ、めずらしい乗りものだった時代です。幸之助はそこで5年間はたらきましたが、大阪に市電の走るようになったのをみて「これからは電気の時代だ」と考えました。そこで大阪電燈の配線見習工になり、夜は、学校に通って電気の技術を身につけました。

1917年、電燈会社をやめた幸之助は、4人だけで町工場を作りました。はじめは失敗もありましたが、幸之助の考案した「二燈用差し込みプラグ」(ふたまたにしたソケット)は好評で、よく売れるようになりました。そして、この小さな町工場をさらに発展させたのは、新しい自転車用乾電池ランプの発売です。

それまでの乾電池を使った自転車用のランプは、数時間しかもたないので、ローソク・ランプの方がおおく使われていました。幸之助は、電池ランプを10時間以上もつものにしようと考えました。わずか3か月の間に100個ちかい試作品を作るほど工夫を重ね、新しい豆球と改良した電池を組みあわせることによって、30時間から50時間ももつものを作りあげました。幸之助はこの成功をよろこび、新しいランプの生産を開始しました。

ところが「電池ランプなんか実用にならないよ」とどこでも

信用してくれないのです。幸之助は弱りました。そこでこう言って小売店においてもらうことにしました。

「かならず30時間以上もちますから、見ていてください。そして、これは使えると思ったら、売ってください」

小売店に2、3個のランプをあずけ、そのひとつだけは点燈しておいたのです。やがて「こんなランプははじめてだ。30時間以上もったよ」とぞくぞく注文がくるようになりました。

つづいて幸之助は、アイロン、ラジオ、乾電池などの製造をはじめ、松下電器に発展させていったのです。長く使われてきた「ナショナル」（国民の、全国の）という商標も、国民に必要なものを作ろうという幸之助の願いをあらわしていました。ほかよりすぐれた、家庭で安心して使えるものをいつもめざしました。

幸之助は、高度成長により、世界のトップクラスをほこるようになった、日本の代表的経営者のひとりに数えられています。

宮城道雄（1894—1956）

　宮城道雄の作曲した『春の海』をきくと、おだやかな春の日ざしをあびた静かな海の風景が、眼の前にうかんでくるようです。尺八と琴という日本の伝統的な楽器をつかいながら、この曲はこれまでの邦楽（日本の音楽）とはまるでちがった新しい曲になっています。

　道雄は盲目でした。1894年4月、神戸市三宮に生まれました。小さいときからわるかった眼が、8歳のころにはまったく見えなくなってしまいました。父は、盲目でも生きていくことができるようにと、道雄を中島検校という琴の先生に弟子いりさせました。中島検校の教え方はきびしいものでした。「千べんびき」といって、冬の寒い日でもまどをあけはなしたまま、同じ曲を1週間つづけてひくのです。寒さで指がかじかみ、血のふきでることもありました。しかし、琴をひく手を少しでもやすめれば、先生からひどくしかられます。道雄は歯をくいしばって練習にはげみました。

　11歳のとき、朝鮮（今の韓国）で行商をしていた父がけがをして入院したため、お金を送ってこなくなりました。祖母と暮らしていた道雄は、先生のかわりにほかの弟子たちに琴を教えてやっと生活を立てていきました。13歳のときには、父のいる朝鮮の仁川にわたりましたが、ここでも道雄は琴と尺八を教えて、一家をやしなわなければなりませんでした。

　こうした生活のなかでも、音楽に打ちこんだ道雄は作曲をはじめ、15歳のとき、『水の変態』を作りました。これは、雲、雨、雪とさまざまにすがたを変えてゆく水のふしぎさを曲にし

たもので、今も名曲として親しまれています。また、西洋音楽のレコードをたくさんきいて「邦楽にも西洋音楽のよさをとり入れて、新しい音楽を作りだそう」と考えました。

　1917年、道雄は東京に出ました。そして『落葉の踊』『秋の調』『さくら変奏曲』などを作曲するとともに、新しい型の琴を作って、邦楽に新しい生命をふきこみました。

　1933年、フランスの女性バイオリニスト、ルネ・シュメーが日本にきました。シュメーは『春の海』がとても気に入って、尺八の部分をバイオリンで演奏するように編曲して、道雄の琴と合奏しました。演奏会は大成功でした。シュメーは、外国でもこの曲を演奏し、レコードにもなりました。そして『春の海』とともに宮城道雄の名は世界に知られることになりました。

　1956年6月25日、宮城道雄は愛知県の刈谷駅近くで急行列車から誤って転落して亡くなりました。

川端康成 (1899—1972)

　川端康成は、1899年（明治32年）6月14日、大阪市に生まれました。父は医師でしたが、康成が2歳のときに亡くなり、つづいて母も3歳のときに死に、幼くして孤児となりました。それからは祖父とふたりだけの生活でしたが、その祖父も、康成が15歳のとき、亡くなりました。人の世のむなしさ、はかなさは、するどい感受性をもった少年の心に、深くしみとおりました。
　第一高等学校、東京帝国大学（東京大学）と進み、国文科に学んだ康成は、作家をこころざします。22歳のとき『招魂祭一景』を書き、菊池寛に認められ、新進作家としての第一歩をふみ出しました。
　新しい感覚にあふれた初期の作品のうちでも、とくに人びとに親しまれているのは『伊豆の踊子』です。
「20歳の私は自分の性質が孤児根性でゆがんでいるときびしい反省を重ね、その息苦しいゆううつにたえきれないで……」
　伊豆の旅に出てきた高校生は、天城峠で旅芸人の一行と会います。そのなかのかれんな踊り子とのあわい心の交流。
「いい人ね」「それはそう、いい人らしい」「ほんとにいい人ね。いい人はいいね」
　そう踊り子たちに言われるだけで、高校生の心は青い空に解き放たれるようなうれしさを感じるのでした。でも、ふたりは下田の港に来たところで別れなければなりません。短編ですが、この小説は人びとに愛されて、くりかえし映画化もされています。
　康成の名作といわれるものには『浅草紅団』『雪国』『千羽鶴』『古都』『山の音』など数おおくの作品があります。とくに

はなばなしい物語があるわけではありませんが、日本人の細やかな感情、あふれる心の動きを、つめたくすんだ眼でみつめて、静かな美しい世界に人びとを引きこみます。

　1968年、ノーベル文学賞が康成に贈られました。文学賞は、日本人としては初めて、アジア人としては2番目の受賞です。『雪国』や『古都』は、英語やフランス語にほん訳され、ヨーロッパでも評判をよびました。ストックホルムの授賞式に羽織はかまで出席した康成がおこなった講演の題は「美しい日本の私」です。古い昔から受けつがれてきた日本の美について、語ったのでした。

　1972年4月16日、康成は、神奈川県逗子の仕事部屋でガス自殺をとげて、人びとをおどろかせました。遺書もなく、その直接の原因については知ることはできませんでした。栄光のなかにあっても、孤独とむなしさを感じつづけていたのでしょうか。

小林多喜二 (1903—1933)

　小林多喜二の書いた『蟹工船』『不在地主』『党生活者』などは、日本のプロレタリア文学の代表作といわれています。プロレタリア文学というのは、労働者や農民の貧しいすがたや、その貧しさの原因となっている社会のしくみをありのままにえがいた文学です。それは、はたらく人びとの立場から社会のゆがみをえがくことによって、社会改革を追求しようとするこころみでした。

　多喜二は、1903年（明治36年）10月13日、秋田県の貧しい農家に生まれました。父はよくはたらくおだやかな人柄で、母も学問はありませんでしたが、明るく思いやりのある人でした。多喜二はこうした両親を敬愛していました。一家は村では暮らしていけなくなって、北海道の小樽に移り、多喜二はおじのパン工場ではたらきながら、学校に通いました。小樽高商を卒業してからは、銀行に就職できたので、母はよろこびました。

　多喜二は、小樽高商に在学中から小説を書いていました、銀行につとめてからも、友人たちと同人雑誌を発刊しました。そして、考えはしだいに共産主義に近づいていきました。

　戦前の日本では、労働者や農民の権利はあまり守られず、生活は悲惨なものでした。多喜二は、こうした状態を救うためには、共産主義しかない、その運動を進めるための文学を書こうと思いました。しかし、この当時、共産党を作ることはもちろん、運動に参加することも、協力することも法律で禁じられていました。共産主義をおし進めるためには、監獄につながれる覚悟が必要でした。

　多喜二の『1928年3月15日』は、全国で共産主義運動をおこなっていた人びとが検挙され、小樽でも500人が捕えられた日のことを作品としたものです。この小説で、特高（思想の取りしまりにあたる警察）の残虐な拷問とそれに屈しない労働者のすがたをえがきました。

　『蟹工船』はカムチャツカ沖でカニ缶詰を作っている船の話です。ボロ船の上で、ひどい労働をさせられている人びとが、ついにストライキに立ち上がるまでをえがいています。

　多喜二は、こうした小説を書いたために、銀行は辞めさせられ、刑務所に入れられましたが、共産党に入り、文学の上ばかりでなく、生活のうえでも労働者の先頭に立とうとしました。

　しかし、1933年2月20日、逮捕され、その日のうちに拷問によって殺されました。2日ご、送り返されてきたその死体は、無ざんな傷あとを残していました。まだ29歳の若さでした。

棟方志功 (1903—1975)

　棟方志功は、1903年（明治36年）青森市に生まれました。青森には、東北三大祭りのひとつであるねぶたがあります。赤や青、黄など原色でえがいた勇壮な武者人形のなかに明かりを入れて、町じゅうをひっぱりまわすごう快な夏の祭りです。また、冬になると空にうなりをひびかせて大きなたこがあがります。こうしたねぶたやたこの絵が、志功をとりこにし、絵の楽しさを教えてくれました。ですから、志功の絵や版画は、同じように骨太な線と強い色彩でえがかれ、土のかおりのする生命力にあふれています。

　青年時代、文学や演劇や詩歌を研究する集まりを作っていた志功は、ある日、友人からゴッホの『ひまわり』の絵を見せられました。その燃えるような色彩をもつ、からだごとぶつけてかいたような絵に、志功は思わずさけびました。
「ようし、おれは、日本のゴッホになるぞ」
　こうして、21歳のとき、画家になるため、志功は東京に出てきました。しかし、めざす帝展（今の日展）には、なかなか入選できません。志功は、生活費をかせぐために、看板かき、なっとう売り、靴屋の手伝いなどをしながら、勉強をつづけました。1928年に、やっと帝展に出品した油絵が初入選しました。しかし、生活の苦しさはかわりません。それでも、そのころ、妻になったチヤ子は、志功をはげましました。
「そのうちきっと世界一になるときがくるよ」
　1938年、志功は帝展に版画で『善知鳥』という作品を出しました。今年も落選かと思っていると、夜、雨のなかをふたり

の友人がかけつけてきました。志功の作品が特選となったのです。志功は大声をあげて踊りまわりました。
　志功の作品は、日本だけでなく、ベネチア・ビエンナーレ国際版画大賞などを受け、海外でも高く評価されました。
　志功が版画を彫るときの姿勢は、板にむしゃぶりついてまるで板と格闘しているようでした。
「板刀と板木さえ手にしていれば、わたしの生命はあるようです。いや、生命がなくたって、版画は出来つつあるといえます。そうなることが望ましいことであるし、そうこなくてはならないのが版画のようです」
　ちっぽけな自己からぬけ出たとき、自然の力は自分を助けて、さらに高く広い心の作品を生み出してくれると、志功は考えていました。1970年、文化勲章を贈られ、1975年9月13日、72歳で亡くなりました。

古賀政男 (1904—1978)

『丘を越えて』『影を慕いて』『青い背広』など、日本人の心にふれるメロディで、今も口ずさまれているたくさんの歌謡曲を作った古賀政男は、1904年（明治37年）11月18日、福岡県に生まれました。父は、せと物を売り歩く行商人でした。政男が6歳のとき、父は病気で亡くなり、母のせつは、政男や弟をつれて朝鮮（今の韓国）の仁川に渡りました。長男の福太郎や次男の時太郎たちが、仁川の金物問屋ではたらいていたので、それをたよって行ったのです。

政男は音楽の好きな少年でした。仁川で朝鮮の労働者のうたう民謡に思わず聞きほれました。そのころ、はやりはじめた大正琴に夢中になって、じょうずにひいて人をおどろかせたりもしました。やがて、自分の店を開くようになった兄の福太郎は、こうした政男に感心しませんでした。苦労して一人前になった兄は、音楽など生活の上でなんのたしにもならないと考えていました。それで、政男も将来は自分といっしょにはたらかせようと考えて、商業学校に入れました。

政男は18歳のときには、大阪にできた兄の支店ではたらきました。しかし、東京に出て自分の才能をためしてみたいという希望をすてることはできません。ある日、政男はわずかばかりの貯金とマンドリン1つを持っただけで、店をとび出しました。こうした政男をかげながらはげましてくれたのは、母のせつでした。母はとぼしいお金をはたいて送ってくれました。政男ははたらきながら、明治大学予科に通いました。大学には、できたばかりのマンドリンクラブがあり、ここに入った政男は、

演奏に指揮にすぐれた腕を見せました。
　政男の作曲ではじめて注目されたのは、自分で詩も書いた、『影を慕いて』です。この曲がマンドリンクラブの演奏会で歌われると、会場は割れんばかりの拍手でした。政男が大学を卒業した年、この曲はレコードとして売り出され、大好評で全国に流行しました。つづいて作曲した『酒は涙か溜息か』も、100万枚を突破し、政男は一躍、人気作曲家となりました。
「いい詩をみると、からだがふるえるような気がする」
　それでも、その詩にぴったりの曲が心にうかんでくるまで、政男は作曲にかかりません。作曲してからも、マンドリンを手にして自分で歌いながら、わるいところをなんどでも直して、うたいやすく、おぼえやすいものにしていきます。そこにヒットの秘密があるのでしょう。政男は、1978年7月、病に倒れましたが、「古賀メロディ」は今も生きつづけています。

林芙美子 (1903—1951)

　1903年(明治36年)林芙美子は山口県下関市に生まれました。父は雑貨を売って歩く行商人でした。やがて、父と別れることになった母キクは、6歳の芙美子をつれて行商の旅に出ました。この日から、芙美子の家は日によってとまるところの変わる木賃宿になりました。芙美子は、木賃宿から小学校にも通いましたが、10数回も転校しなければなりませんでした。

　芙美子も、母の仕事を助けて、行商に歩いたこともあります。木賃宿にとまっている社会の底辺に生きる人たちは、言葉づかいこそ乱暴でも、心は温かく、芙美子をいたわってくれました。

　芙美子には新しい父もでき、11歳のとき、一家は尾道に移り住みます。間借りながらも家庭ができ、小学校へも落着いて通うことができるようになりました。海ぞいの美しい町は、芙美子の第2のふるさとになりました。

　工場でアルバイトをしながら、芙美子は高等女学校に通いました。本も読みたい、勉強もしたい、仕事もしなければならない、1日が48時間あればいい、と思うような生活でした。そして、貧しい家の少女にとって、学校は楽しいところではありませんでした。でも、文学や詩について語ってくれる若い先生がいることと、図書室があることが芙美子にとってのわずかななぐさめでした。

　芙美子は18歳のとき、東京へ出ました。ここでも苦しい生活の連続です。工場、カフェ(喫茶店)、産院、毛糸屋、新聞社などいろいろなところにつとめました。はたらいてもはたらいても、きざんだキャベツのおかずが1番のごちそうという

ような生活でした。芙美子は、そうした生活の悲しみや希望をかざらずに率直に『放浪記』として書きつづけました。それまで自分の書いた原稿を持って、新聞社、雑誌社を歩きましたが、ほとんど売れませんでした。ある日、疲れて帰ってきた芙美子は、玄関に1通の手紙が置いてあるのを見ました。
「めったに速達を受けるようなことのないわたしは、裏を返して見て急に狂人のように手がふるえてきました」
　芙美子はへなへなとそこに、しゃがみこんでしまいました。
『放浪記』を出版するという知らせでした。『放浪記』は暗い不景気の時代のなかに生きていた人びとに強い共感をもって迎えられ、たちまちベストセラーとなりました。
『うず潮』『晩菊』『浮雲』など、名もない雑草のような庶民の生き方をえがいた作品が、芙美子の代表作です。芙美子は、1951年、波らんにとんだ生涯を47歳の若さで閉じました。

朝永振一郎 (1906—1979)

　1965年、朝永振一郎博士は、ノーベル物理学賞を受賞しました。これは、量子力学を発展させた功績に対して贈られたもので、湯川秀樹博士についで、日本人としてはふたりめの物理学賞です。

　朝永振一郎は、1906年（明治39年）哲学者朝永三十郎の長男として、東京に生まれました。父が京都大学の教授に就任したとき、振一郎も京都に移り、ここの小・中学校に通いました。中学5年生のとき「相対性理論」で有名なアインシュタインが来日しました。新聞がアインシュタインの業績についていろいろ書きたてたので、振一郎は興味をもち、物理学についての本を読んでみました。そして、物理学のふしぎな世界に眼をみはりました。

「こうした世界のことを研究できたら、すばらしいだろうな」

　振一郎は、京都帝国大学理学部物理学科に進み、専攻科目に量子力学を選びました。量子力学とは、かんたんに言えば、原子の構造や行動を解くために作られた力学で、これまでの力学では説明できなかった新しい事実を、合理的に説明することができる理論です。当時、もっとも新しい理論だったので、振一郎はこれと取り組んでみようと思ったのでした。しかし、できたばかりの理論ですから、教科書などありません。基礎の論文を読まなくてはなりませんが、その論文を理解するためには、他のたくさんの論文を読まなくてはならない、というように、振一郎は無限の世界の入り口に立っているような気がしました。

　このとき、同じ高校、大学と進んだ同級生に湯川秀樹がいま

した。このことは、振一郎にとって、大きな力でもあり刺激ともなりました。ふたりはきそって研究にはげみました。

　大学卒業後、3年ほどして、振一郎は、東京の理化学研究所にある仁科研究室に入りました。仁科芳雄博士は、海外で量子力学の研究をつづけて帰って来た、世界的に名を知られた学者です。仁科研究室は、先輩も後輩もない、自由で活発な空気にあふれていました。誰にも気がねのない討論で研究が進められていきます。振一郎の研究もはかどりました。

　振一郎はそのごドイツに留学し、帰国ご東京文理科大学の教授となり「超多時間理論」をまとめました。これを発展させた理論が、ノーベル賞の対象となったのです。

　朝永振一郎は、東京教育大学学長、日本学術会議会長もつとめ、52年に文化勲章も受賞しましたが、1979年7月、がんに倒れました。73歳でした。

太宰 治 (1909—1948)

『晩年』『斜陽』『人間失格』などの作品で知られる太宰治は、雪のふかい青森県北津軽郡の出身です。1909年（明治42年）6月19日、大地主で、県会議員でもある父のもとに6男として生まれた太宰治（本名津島修治）は、使用人が10数人もいる、大きな家に住み、めぐまれた少年時代を送りました。

「私は散りかけている花弁（はなびら）であった。すこしの風にもふるえおののいた。人からどんなささいなさげすみを受けても死なんかなともだえた」（『思ひ出』）

ほこり高く、しかし、傷つきやすい心をいだいた少年でした。自分の進む道は文学以外にないと決心したのは、中学3年の16歳のときです。弘前高等学校から東京帝国大学（東京大学）仏文科に進んだ太宰は、前から尊敬していた作家の井伏鱒二と会い、小説を書きはじめました。やがて、作品は第1回の芥川賞候補にもなり、新進作家として認められはじめましたが、やさしく繊細で、人一倍はずかしさを感じやすい太宰にとって、生きることのすべてが苦痛に思われました。

「私は、人間をきらいです。いいえ、こわいのです。人と顔を合わせて、おかわりありませんか、寒くなりました、などと言いたくもないあいさつを、いいかげんに言っていると、なんだか、自分ほどのうそつきが世界中にいないような苦しい気持ちになって、死にたくなります」（『待つ』）

太宰の文章のなかには、よく「死」という言葉がでてきます。実際、30歳になるまでに、睡眠薬を飲んだりして、4回も自殺をはかっています。とくに21歳のとき、女性と鎌倉の海で

　心中をはかり、女の人は死に、自分だけ助かったことは、太宰にとって大きな衝撃でした。そして罪を犯したという意識に苦しみつづけます。太宰の小説はこうした生きることの苦しみが土台になっています。でも、深刻に書くことは太宰にはできません。悲しい素顔をかくして、人を笑わせるピエロのように、少しおどけてみせるのです。

　1939年、妻を迎えた太宰は、次つぎに作品を発表し、戦後は、ぼつ落していく貴族をえがいた『斜陽』がとくに評判となりました。しかし「死」はつきまとって離れませんでした。1948年6月、太宰は、ふと知りあった女性、山崎富栄と玉川上水に身を投じました。毎年、死体の発見された6月19日には、墓のある東京三鷹の禅林寺で、太宰をしのぶ「桜桃忌」が開かれ、若い人たちもたくさん集まります。太宰の作品の純粋な心が、人びとをひきつけるためでしょう。

黒沢 明 (1910—1998)

　黒沢明監督の『羅生門』は、1951年ベネチアの国際映画祭で、日本映画として、はじめてグランプリ（大賞）を受賞しました。ヨーロッパの人びとは、日本映画の水準の高さにおどろき、これをきっかけとして、欧米でも日本映画が次つぎに上映されるようになりました。こうしたことからも、この受賞は、黒沢ひとりの名誉だけではなく、深い意味をもつものでした。

　黒沢明は、1910年（明治43年）東京大森に生まれ、はじめは画家になりたいと考えていましたが、新聞で助監督募集の広告をみて、ＰＣＬ（今の東宝）に入社しました。7年ほどつづいた助監督の時代に、シナリオ（脚本）をせっせと書いて、早くもすぐれた才能をみせました。

　監督に昇進しての第1作は『姿三四郎』です。ひとりの若者が柔道家として成長していくすがたをえがいたこの作品は、暗い戦時下に生きる人びとに、新鮮な感動をあたえました。

　戦後は『酔いどれ天使』『野良犬』『生きる』などの名作を発表します。これらの映画は、この社会の片すみに生きる人びとに眼をむけたものです。たとえば『生きる』の主人公は、書類の山にうずもれて暮らしてきた市役所のひとりの課長です。ある日、課長は、自分ががんであることを知り、今までの自分の人生には、どんな意味があったのかと考えます。そして、さいごの努力を児童公園を作ることにかたむけ、死んでいく物語です。黒沢は、人間はいかに生きるべきかを、作品の中に取りあげたのです。

　『七人の侍』『用心棒』『隠し砦の三悪人』など、黒沢の作品

には誰にでも楽しめる痛快な時代劇もあります。これらの映画はあまりにもよくできていたので、イタリアやアメリカで西部劇として、もう1度作られたほどでした。

　黒沢の映画を作る姿勢のきびしさは有名です。1つのシナリオを作るのにも、数人の脚本家と合宿してアイデアを出し合い、おたがいに妥協せずにつきつめていきます。撮影に入ると、自分の思うとおりの画面のできるまで、何度もねりなおしがおこなわれます。これが、映画に緊張と迫力を生むのです。

　黒沢はソ連に行って『デルス・ウザーラ』をつくり、モスクワ国際映画祭でグランプリをとりました。1980年には『影武者』がカンヌ映画祭でグランプリとなりましたが、日本では、名作だという人もあれば、つまらないという人もあって、評価は2つにわかれています。しかし、このことは、それだけ人びとの黒沢明への期待の大きさを語っているともいえるでしょう。

三島由紀夫 (1925—1970)

1970年（昭和45年）11月25日、東京市ヶ谷にある陸上自衛隊ではたいへんな騒ぎが起こりました。三島由紀夫が、自分のひきいる「楯の会」の4人の会員とともに、総監室になだれこみ、バルコニーから、ビラをまき、演説をはじめたのです。
「今の憲法は、自衛隊をはっきり認めていない。自衛隊を正しい姿とするために、いっしょに死を決して立ち上がろう」
しかし、演説を聞いた自衛隊員は、ただヤジをあびせるばかりでした。三島は、総監室にもどると、腹を切り、会員の森田必勝が三島の首を打ちおとしました。森田も、あとを追って腹を切りました。新聞やテレビは、この事件を「気ちがいじみた行動」と報道し、人びとも、作家の三島がなぜこのような行動に走ったのか、首をかしげました。

1925年（大正14年）1月14日、三島由紀夫（本名平岡公威）は、東京四谷に生まれました。父は農林省の官吏でした。三島は少年のときから、文学に親しみ、父は反対しましたが、その強いこころざしをとめることはできませんでした。19歳のときには、早くも最初の短篇集『花ざかりの森』を刊行しました。才能を認められ、21歳のとき、川端康成の推せんによって『煙草』が雑誌に発表されて、文壇に登場しました。

これから三島は『仮面の告白』『青の時代』『金閣寺』『潮騒』などを書きます。緊密で論理的な構成と、ゆたかで機知にとんだ文章によってきずかれた、それらの独自な世界は人びとの注目を集めました。いっぽう、演劇の世界でも、『近代能楽集』『若人よ蘇れ』『十日の菊』などの戯曲で、そのはなやか

な才能を示しました。また、ほん訳された作品は、海外でも高い評価を得ています。

　三島は、小さいときは虚弱でした。それだけに強いからだ、強い心にあこがれました。多くの作家たちが、弱いからだ、弱い性格にもたれかかって作品を書いているのをきらい、からだをきたえました。剣道、空手、ボクシング、ボディビルにはげみ、「楯の会」では自衛隊と共同訓練を行いました。また、社会のできごとに対しても積極的に発言したので、その存在がいつも話題の中心となる作家でした。

　三島由紀夫は、なぜ死を選んだのでしょうか。
「物質的な繁栄に精神を失った日本の現状を真剣にうれえたのだ」と言う人もあれば「自分の文学の限界を知ったので、ああした形で死を選んだのだ」という人もあります。そのどれとも言いきれないところに、その死の複雑な意味があるといえます。

「読書の手びき」

宮沢賢治

宮沢賢治が亡くなる前夜のこと。姓もわからない農民が、肥料のことを教わりにやってきました。すると賢治は、病床からよろよろとはいだし、いやな顔ひとつしないで、その農民の質問に答えてやりました。そして１時間ほどで話が終わると「今夜の電燈は暗いようだなあ」と言って床につきました。もう、視力がおとろえ始めていたのです。賢治が息をひきとったのは、つぎの日の昼すぎでした。賢治は、死ご、詩人として童話作家として高く評価されるようになりました。しかし、ほんとうは、詩人や作家であるまえに、大地に足をつけて生きた自然人でした。だからこそ、死の前夜でも、農民となら語ろうとしたのではないでしょうか。賢治は「私のお話は、みんな林や野はらや鉄道線路やらで虹や月明かりからもらってきたのです」と言っています。ほんとうにそうです。自分で作ろうとしたのではなく、自然のなかに立っているときに心に生まれてきた心象風景。それが、賢治の詩や童話です。詩にも童話にも、人間の心の会話と美しい音楽と、そして、宗教と科学と文学がとけあった独自の光があるといわれるのは、すべてが心象であるからです。また、生きるものへの愛そのものだからです。短いことばを並べた詩は、賢治の精神の骨格、童話は、その骨格を包む血や肉だといってよいでしょう。おとなも、子どもも、楽しめる童話のいくつかを読めば、賢治がどういう「デクノボー」だったのか、すぐわかります。

湯川秀樹

広島、長崎の被爆体験をもつ日本人は、原子といえば、それはただちに原子爆弾にむすびつきます。湯川博士のとりくんだ研究が原子核物理学だといえば、もうそれだけで原子爆弾を想像する人があるかもしれません。しかし、博士の研究が、人類滅亡に荷担するものではなかっ